Siegfried Schilling

Wortfisch

Dunkle Lyrik

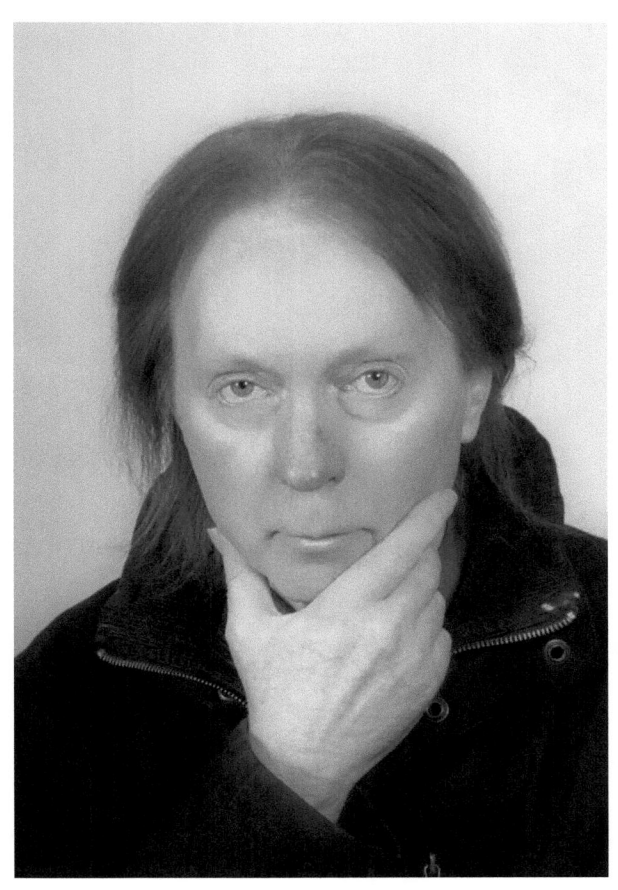

Autor Siegfried Schilling

Wortfisch

Dunkle Lyrik

Siegfried Schilling

Impressum

© 2018 Siegfried Schilling

Herstellung und Verlag: BoD – Books on Demand, Norderstedt

ISBN 9-783752-850925

Printed in Germany

Bibliografische Information der Deutschen Nationalbibliothek

Die Deutsche Nationalbibliothek verzeichnet diese Publikation in der Deutschen Nationalbibliografie; detaillierte bibliografische Daten sind im Internet über http://dnb.d-nb.de abrufbar

5

Inhalt

Der Schriftsteller Siegfried Schilling legt mit
„Wortfisch" einen Lyrik-Band vor, der angefüllt ist
mit dunklen, apokalyptischen Visionen. Nur selten
findet sich ein Gedicht, das, wenn auch nur ent-
fernt, Hoffnung macht. Die Gedichte des Autors
sind Ausfluss seiner pessimistischen Weltsicht: Er
sieht die Menschheit erst am Anfang ihrer Entwick-
lung – eine Entwicklung, die morgen schon abrupt
enden könnte. Haben wir eine Zukunft? Schilling
glaubt es nicht und sieht täglich in Abgründe: So,
wie wir sind, können wir nicht überleben.

Es kommt doch voran

Ich möchte einen Knoten
in meine Ohren machen,
möchte meine Gehörgänge besetzen,
Schallwellenwächter sein und nichts mehr hören,
nein, nichts mehr hören, vom behaupteten Verrat
an der vermeintlich guten Sache.

Sicher, ich weiß, ihre Enttäuschung
ist riesengroß. Kenne kein Maß, ihre Enttäuschung
zu messen. Bin schließlich auch nicht
ihr Mess-Diener, ihr Mess-Becher,
nicht das Maß aller Dinge.

Als ein Wandlungs-Fähiger,
folgend schleimiger Fortschritts-Schneckenspur,
verstehe ich diese Blind-Schleicher nicht,
wie sie mit dem Finger auf andere weisen,
Sündenböcke benennen – hießen sie nicht
gestern noch Freunde, Mitverschworene? –
und ihnen ihre eigenen sündhaften Fehler,
ihre bockigen, nicht wieder gutzumachenden
Versäumnisse

2

sündenbockig aufbürden.

Es gibt keinen Fortschritt? Keine Bewegung?
Schmierenkomödianten tragen nicht dicker auf.
Wenn sie doch endlich einmal schwiegen
und mich zu Wort kommen ließen!

Ich möchte ihnen so gern sagen: Seht,
seht das hausbestückte Weichtier:
Es kommt doch voran.

Schock

Unerwartet fällt der Schleier.
Erschrocken erkennen wir,
wie es noch immer
an den Gedärmen
zerfleischter Horizonte frisst.

Wir wenden uns ab, doch gelingt es uns nicht,
das Geschaute aus unserem Bewusstsein
zu verdrängen. Unsere Verzweiflung,
die wieder ausbricht,
verlangt nach den alten Krücken.
Doch diesmal halten auch sie
unseren Sturz nicht mehr auf.

Hamlet

Verzweifelt Suchender
spricht in den Berichten,
die er seiner Redaktion übermittelt,
verwirrt vom Winter im Lichtgefieder,
von gesprungenen Frostlippen,
die Amselleiber küssen.
Eignet sich schlecht
als nüchterner Berichterstatter
über Gärungsprozesse
im alten Dänemark.

Verzweifelt Suchender klagt, dass wir
hohl klängen, wenn es uns träfe, dass wir,
selbst wenn uns jeder Schlag
bis ins Mark erschütterte,
in unserer Entschlusslosigkeit verharrten,
in den Grenzen blieben, die unser Unvermögen
                              bezeichneten.

Er schreibt: am Anfang war die Un-Tat,
am Anfang war die Schablone
und zeichnet unter den fertigen Text
den Namenszug Hamlets.

Blutnachweis

Trankst aus einem Fingerhut, aus einem Reagenz-
glas, aus einer leeren Morphiumampulle,
Wahnsinnsmut. Trankst ihn wie einen Martini.
Zwängtest Dich, obwohl Du einen bequemeren
Weg hättest gehen können, durch ein Nadelöhr:
Die bequemen Wege führen nicht zur Wahrheit.
Drangst weiter vor bis in tiefste Schichten,
den Wesenskern der Dinge freizulegen.

Blutnachweis im Stuhl, im Präser Eiter:
Begreifen und verlieren – das war es.
Es wird nicht mehr lange dauern,
bis in Deiner Nachbarschaft
ein neues Golgatha
für alle Wahrheitssuchenden,
für alle Wahrheitsliebenden ersteht.

Infiziere Dich I
Am Anfang schuf er die Situationskomik,
kurz darauf den Wortwitz. Nun horcht er,
ob nicht Gelächter aus dem Fleisch kommt,
dem er Leben eingehaucht hat: Er weiß, dass alles
von dem Virus abhängt, das er ausgeschickt hat.
Er soll hochagressiv sein und sich in Windeseile
ausbreiten.

II

Infiziere Dich mit Lachen. Lach, wenn es Dich
erwischt hat: Lass Dich fallen
in Dein Lachen.
Gedenke des Anfangs,
an die ersten bewegten Bilder,
komische Szenen, am sechsten Tag
der Schöpfung.

Das ist das Leben

Bleiernes Beginnen am Morgen:
In mir schmerzt ein Wunsch,
der abends stirbt.
Der Schlüssel dreht sich
im Schloss herum.
Die freie Zeit
lässt sich stehen. Vom wem?
Gleich werde ich sitzen
an meinem Schreibtisch,
widersprechen dem Duden.
Werde Logiker, denen ich
sowieso nicht glaube, befragen
und sie verkappte Magier nennen.
Werde meine Meinung nach den Ahnungen
                    der Ungeborenen biegen.
So ist das Leben, sagen sie. Jetzt kommen
nach sieben mageren siebenmalsieben fette Jahre.
So ist das Leben, sagen die Embryos.

Archäopteryx

Über BostonBreslauBerlin gleichzeitig.
Die Menschen stumm. Gucken in die Luft.
Offenen Mundes. Aggressoren legen,
wenn vielleicht auch nur
für einen Augenblick,
ihre Annexionspläne beiseite.
Der Spott der Henker erreicht
die Adressaten nicht.
Krebsbefall aller Impulse.
Archäopteryx hat erneut zum Flug sich erhoben
gleichzeitig über BostonBreslauBerlin.
Der Globus, gläsernes Gehirn
oder Schildkrötenpanzer?
Götter auf Osterinseln legen sich flach.
Die Geschichten der Eingeborenen
werden neu erzählt.

Sohn

Der Tisch muss rund sein,
an dem er Platz nimmt,
rund wie das Rad.
Das Wort muss rund sein
am runden Tisch.
Die Rundung.
Das Rund.
Die Stille rollt aus
wie eine Murmel.
Sohn streitet am runden Tisch
mit leeren Stühlen. Worüber?
Darüber.

Sohn deutet aus Eingeweide.
Gießt Blei. Wirft Runen.
Sohn missachtet Warnungen. Lebt irgendwie.
Spielt mit runden Worten.
Sohn wartet auf etwas. Worauf? Darauf.
Sohn rudert in einer Nussschale
auf seinem Bewusstsein. Weiß er,
wohin es geht? Dorthin.
Sohn stellt sich seine Seele
so flach wie einen Kiesel vor.

Sohn lässt seine Seele hüpfen
auf unbewegter Wasserfläche.
Sohn denkt: Ich bin künftig geschützt.
Wovor? Davor.

Tischrede

Mein ist die Rache, sagt wer? Der Redner
am Tisch. Weiß er, wovon er spricht?
Er schlägt uns mit eine krepierten Fisch ins Gesicht.
Jetzt glauben wir's: Der Mann ist kompetent.
Nun wünscht er uns gar – was konnte man anderes
von ihm erwarten? – baldige Verwesung.
Weshalb auch nicht? Wir werden uns beeilen.
Achtgeben sollen wir auf die Stilmöbel
in unseren Rattenlöchern: Heute noch Rattenloch,
morgen schon Atomnest. Der Mann ist besorgt:
Wir werden sie gut pflegen – unsere Stilmöbel.
Zum Schluss verteilt er Wundertüten,
gefüllt mit Enttäuschungen: Ein dreifaches Hoch
auf den Redner, der uns so viel Hoffnung macht
auf den Strick.

Festansprachen

Festansprachen der Friedenspreisträger,
kunstvoll konstruierte Textgebäude
aus Vernunft- und Humanitätsappellen,
gerichtet an die Mächtigen der Erde.
Klingen so schön, lösen aus Minutenbeifall,
verklingen so schnell. Nur noch eine Viertelstunde,
Säuglingsstunde, gepflegte Rede
in gepflegter Atmosphäre.
Nur noch eine Viertelstunde,
Friedensfestviertelstunde,
Friedenswortzauber der Friedenspreisträger.
Nur noch eine Viertelstunde,
Hoffnungsviertelstunde,
schwimmen im warmen Gefühlsstrom
der Friedenssehnsüchte.
Nur noch eine Viertelstunde, letzte Viertelstunde,
bevor wir treiben als tote Fische
auf toten Strömen...

Unschuldig

Sie machten ihm den Prozess. Er war,
nur mit einem Aufkleber auf dem nackten Bauch,
durch die Straßen der belebten Innenstadt gelaufen.
Auf dem Aufkleber stand: Ich bin unschuldig.
Weshalb machte man ihm den Prozess?
Weil er nackt war? Weil er sich für unschuldig
hielt? Oder weil es sein Fatum war?

Vor seinem Gang durch die Straßen der Innenstadt
hatte er bei seinem Anwalt einen Brief deponiert.
Darin stand: Ich bin unschuldig.
Trotzdem wird man mir, wie einst ihm,
den Prozess machen und mich verurteilen.
Diesen Brief las er im Gerichtssaal vor.
Nach der Verhandlung hielt ihn einige
für einen Spaßmacher, andere aber
für einen Auserwählten. Die ersten Anhänger
scharrten sich um ihn.

Wir wollen

Wir wollen langsamer treten.
Wir haben es nicht eilig.
Wir wollen diese Radtour
ins Blaue genießen.
Wir wollen langsamer treten,
wollen zwischen schreienden Telefonen,
zwischen zwei nervenaufreibenden Konferenzen,
zwischen Sein und Nichtsein im Big Business,
Atem schöpfen und wieder zu uns selbst finden.
Wir wollen langsamer treten,
wollen unser Opfer glauben machen,
uns gehe die Lust oder die Puste aus.
Wir wollen langsamer treten,
damit wir länger etwas von uns
und unserem Opfer haben.

Offener sein wollen

Offener sein wollen. Man kündigt seine Wohnung
in der Großstadt und zieht aufs offene Land:
offenes Land. Man lässt sich nicht mehr
einschnüren von Modediktatoren
und trägt nur noch offene Kleidung:
offene Kleidung. Man läuft nicht mehr,
wie vielleicht noch jüngst,
mit Scheuklappen herum,
sondern geht mit offenen Augen
durchs Leben: offene Augen.
Man schließt nicht mehr gewohnheitsmäßig
auf Anruf den Mund, sondern provoziert
im Gegenteil eine Maulsperre: Maulsperre.
Man lässt sich nicht mehr verpflastern,
sondern trägt seine Wunden offen: offene Wunden.
Man gibt zu, dass man mit seiner Meinung
noch hinter dem Berg halten muss:
Offener sein wollen.

Nach dem Putsch

Der auffallend korrekt gekleidete,
bart- und faltenlose Nachrichtensprecher
mit den tiefen Geheimratsecken
verliest die Nachricht vom geglückten Putsch
einiger ehrgeiziger und machthungriger Offiziere
im handtellergroßen Staat B
mit der Kühle und Distanziertheit,
die Nachrichtensprechern
des Deutschen Fernsehens zu eigen ist.
Der interessierte Bundesrepublikaner schlägt,
wenn er nicht zufällig Geographie studiert hat,
seinen Atlas auf und findet den handtellergroßen
Staat B nach längerem Suchen an der Westküste
des Kontinents A.
Die betroffenen Bürger des Staates B jedoch
haben gleich nach dem Putsch damit begonnen,
Unterwerfungsriten und Beschwichtigungsgesten
                                    einzuüben
und Demonstrationen für Unterordnung
und Angepasstheit zu organisieren.
Im Fernsehen verfolgen sie dann, wie der neue,
selbstherrlich auftretende Führer, Oberst K.,
seine ersten Maßnahmen verkündet:

Abschaffung der Pressezensur durch Abschaffung
der Presse, Förderung des Wohlergehens
des Einzelnen durch Abschaffung
des Allgemeinwohls.
Förderung des Kinderreichtums durch Verbot
von Verhütungsmitteln und Zwangsbeischlaf.
Erhebung des Zynismus zur Staatsreligion.
Weitere Maßnahmen sollen in Kürze
bekanntgegeben werden.

Auf der Schwelle

Was Du tun konntest, hast Du getan.
Was Du sagen wolltest, hast Du gesagt.
Hast Dein Bestes, hast Dich selbst gegeben.
Nun gedulde Dich, warte ab.
Auf der Schwelle stehend
gibt es für Dich (ich weiß,
was Du im Augenblick empfindest)
kein Zurück-In-Den-Mutterleib.
Noch bevor ein Strauß Stunden
verwelkt ist, vollziehst Du
den entscheidenden Schritt.
Bis dahin sei – Du kennst den Job –
ein aufmerksamer Hirte Deiner Unruhe.

Genug

Ich war kein Menschenfischer – gewiss nicht.
Kein proletarischer Auferstehungsexperte
mit Fließbanderfahrung. War ein
nicht erfolgloser Wort-Fischer
auf trüben Gewässern,
den die Liebe zum Wort
wie Jugend-Akne überfallen hatte.
Zarter als Muschelfleisch,
scheuer als das Reh,
leidend an mir selbst,
sprach ich von Dornenkronen,
Säurebädern, Schierlingsbechern.
Im Schatten des Schmerzes reifte ich
zum Mann.

Kein Glaube kann stärker sein
als der Glaube an Dich, Fisch,
der Du meinen Mund
mit einem „Genug" versiegeltest:
Genug des aufregend-enttäuschenden,
bittersüßen Spiels mit leeren Schalen.
Meine Existenz wird künftig sein
die eines sprachmächtigen Fisches.

Balanceakt I

Balanceakt
auf dem Drahtseil
zwischen Euphorie
und Depression:
Deine Nüchternheit
ist trunkenes Wissen.

Die Hetäre des Schmerzes
legt auf alte Narben
frische Entschlüsse,
oxydierte Blumen aus Schlaf.

Balanceakt II

Balanceakt
auf dem Drahtseil
ohne sicherndes Netz.
Alltäglich gewordenes,
lebensgefährliches Agieren
über den Köpfen der Zuschauer.
Balanceakt auf einem Katzendarm,
nach dem die Schere schnappt.
Auf einer Gitarrensaite,
an den einen Finger zupft.
Tanz auf dem Zahn
einer Rasierklinge
und der Sprung
des Schmerzes
von der Wimper
auf eine wetterfühlige Narbe.

Sie aber kämmt sich
den Tag aus den Haaren,
zerrupft Blumen aus Schlaf
und lacht, denkt sie an Dich,
an Dein nüchternes Wesen,
das sie nicht versteht.

Es durchflutete sie niemals
jenes rauschhafte Gefühl,
das ein geglückter Seiltanz auslöst.
Trunken und wollüstig
hätte sie Dich gern einmal
aus dem Gleichgewicht gebracht.

Zu viele Mörder

Hüte Dich davor,
Deinem Schlafbedürfnis
        zu erliegen.
Gib Deiner Unruhe
    Deiner Unruhe
    Nahrung,
dass sie Dich wachhalte.
Denn es sind der Mörder,
bewaffnet mit dem Messer
des Intellekts, zu viele,
die ihre Opfer
im Schlaf überfallen.

Wolf

Einst war ich ein Lamm,
ausgestopft mit Holzwolle.
Meine Glasaugen stellten
eine unschuldige Frage
und Lächeln hieß:
Lass uns einander genießen.
Einst war ich ein Lamm,
ausgestopft mit Holzwolle,
und stand oft in Flammen.

Ich bin das Lamm nicht mehr,
bin ein Wolf im Asbestfell
und durchstreife mein Revier
nach Lämmern, ausgestopft mit Holzwolle,
und beantworte ihre unschuldige Frage
mit einem tödlichen Biss.

Ellenbogenspezialisten

Man traktiert sie mit Faustschlägen,
rammt ihnen die Stiefelspitze
in den Magen und schleift sie,
als sie schließlich schmerzgekrümmt
              am Boden liegen,
an den Haaren in ihre Zelle zurück,
um am nächsten Morgen die demütigende
und schmerzhafte Prozedur zu wiederholen.

Als man endlich glaubt,
ihnen genug angetan zu haben,
schickt man sie, wie viele andere zuvor,
in die Wüste: Experten, die sich irrten,
Berater, die falsch berieten, auf dass ihre Knochen,
für die man noch Verwendungsmöglichkeiten hat,
in der Knochensonne bleichen mögen.

Unsere gewählten Vertreter in den Parlamenten
aber, Ellenbogenspezialisten,
Wölfe am runden Tisch,
      Verhandlungstisch,
murmeln (es mangelt ihnen ja nicht
an Spielmaterial) mit Expertenschädeln,

würfeln mit Expertenknochen
und werfen von Zeit zu Zeit achtlos
Expertenschädel, Expertenknochen,
zu unseren Knochen.

Hier unten

Gib nicht auf, gib Dich nicht auf:
Ein Sturz aus solcher Höhe
endet niemals glimpflich.
Nutze die nächste sich bietende Gelegenheit
(sie kommt gewiss: Gib Dich nicht auf),
diesen mühsam erklommenen Rücken
zu verlassen. Was so hoffnungsvoll
im Gefieder eines Schreies begann,
endet in Resignation und Sprachlosigkeit.
Komm zu uns, hier unten ist es sicherer.

Mein Ohr glaubt bereits

Dem Leben wie einem Theaterereignis zuschauend
und in der sterilen Atmosphäre
seines Glashauses verkümmernd
kreuzigt er Stunden wie Märtyrer,
begießt künstliche Blumen,
sieht sich die Filme seiner Traumfabrik an:
Du hättest Dich längst verloren ohne Deine Fanta-
sie.

Deine gereizte Unzufriedenheit aber
sucht nach einem Stein,
sucht nach einem Stein,
will im Glashaus mit Steinen werfen.
(fürchte Dich nicht vor Glassplittern
und vor dem Splitter im eigenen Auge:
fürchte Dich nicht)
Mein Ohr glaubt bereits Scherben
nach dem Besen rufen zu hören...

Rausch

Man fühlt sich schmutzig
nach solch einer Nacht.
Bierselige Kumpanei
währte so lange
wie der Rausch.
Man schied voneinander
in gegenseitiger Verachtung.

Der Morgen ist aufgedunsen
wie Dein Leib.
Trotz Deiner Übelkeit
bricht Gelächter
aus Dir hervor,
als Du Dich
nach Deiner Prothese bückst,
die im ausgekotzten Speisebrei liegt.

Man fühlt sich schmutzig
nach solch einer Nacht.
Straßen, alte Weiber,
laufen zusammen
und palavern
über die Vorkommnisse

während der vergangenen Stunden.
Im Rinnstein ersäuft
eine geschwätzige Zeitung
in Deinem Urin.

Die Gazelle des Horizonts
lässt das Tanzen nicht.

Unter der Haut

Unter der Haut des Asphalts liegt eine Stadt,
in der ich – weiß kaum noch, auf wessen Befehl hin
und aus welchem Grund – als Verbannter leben
muss.
Seitdem ich die Luft in dieser Urne atme,
sind meine Lider mit Schlaf bewaffnet,
ist, obwohl ich niemals Wachposten sah,
jeder Gedanke an Flucht in mir erstorben.
Der jüngste Tag ist für mich stets
der nächste Tag. Wein und Brot
schmecken nach Resignation.

Es trifft mich

Taubnesseln stellen sich taub.
Disteln rüsten auf
und verharren
in bewaffnetem Schweigen.
Meine Stimme, die ich zu ihnen ausschicke,
stürzt gleich einer angeschossenen Taube
ins Dickicht der Unverständlichkeit.

Wogegen glauben sich
meine Schützlinge
wappnen zu müssen?
Ich vermag nicht einmal den Anhauch
einer Bedrohung für sie wahrzunehmen.
Es trifft mich wie ein Peitschenhieb,
als ich mich ihnen nähere
und erkennen muss,
wen sie fürchten.

Zwischen allen Stühlen

Kotze aus, was mich ankotzt: absolute Wahrheiten,
                              absolute Wahrheiten,
die mir Polit-Christusse, Materie-Theologen
und reine, blütenweiße Gottesanbeter
ins Ohr bliesen. Kotze es aus.
                Kotze es aus.
Ich habe meinen Platz eingenommen
zwischen allen Stühlen (ist es die Wahrheit,
die hier mit mir auf Tuchfühlung geht?),
suche mit Eifer Fettnäpfchen, in die ich
hineintreten könnte. Und spiele (möge niemand
glauben, dass ich brenne: ich bin nur
zur Zierde da) in jeder Diskussionsrunde:
Mensch ärgere Dich.
Mensch ärgere Dich.
Ich habe nichts mehr zu hoffen,
nichts mehr zu verlieren, nicht einmal
mehr mich selbst: So stehe ich an,
                alles zu gewinnen.

Schleuder

Wir legten, erwachsen geworden,
die Schleuder aus der Hand
und machten es uns
zur Gewohnheit,
unseren Hass
unter den Teppich
unserer Lider zu kehren,
um nur noch in Wachträumen
Vergeltung zu üben. Unser Hass jedoch
meint den Feind in seinem Fleische.

Wir sollten wieder die Schleuder
zur Hand nehmen und uns
in ihrem Gebrauch üben –
und, wenn wir sicher sind,
uns von unserem Hass befreien,
indem wir auf unseren erklärten Feind schießen:
Dessen schmerzfreies Dasein,
währte schon viel zu lange.

Wir sollten wieder die Schleuder
            zur Hand nehmen.

Ich schnurre

Nach dem Krieg der Silben
und der Exstirpation
der Humanität
aus allen Texten hielt ich,
ein als Schreibtischtäter Diffamierter
und somit Gefährdeter, es für ratsam,
Dein Angebot anzunehmen, denn die Zeichen
waren beunruhigend: Die Bewegung,
in der sich die Falken durchgesetzt hatten,
fand strömenden Zulauf. Vielstimmig erscholl
der Ruf nach einer Vermählung mit dem Bajonett,
um den Gesinnungsfeind endgültig
vom Kopfschmerz zu befreien.
Der Geist bezog Schneckenhäuser.

Es ist gut, Dich bei mir zu haben.
Du erstickst mein Mitleid,
beruhigst mein Gewissen,
und sorgst dafür,
dass ich (die sicherste Gewähr
für ein Überleben) meine Denktätigkeit
endgültig einstelle.
Ich schnurre vor Wohlbehagen,

führst Du mich, mein Guter, Wahrer, Schöner,
um Eingeweide herum, das ein Bajonett befreite.

Kindergötter

Hätten sich doch schon befreit
aus der Puppe die Söhne.
Kindergötter sollen
sie heißen. Sie drängen,
           sie drängen
mit Macht
in die Freiheit.

Wäre doch schon gefangen
die Spinne der Sonne
in ihrem Winkel.
Denn es kriechen,
       es kriechen
         die Söhne
       aus der Puppe.

Veränderung

Dunkel-gespannt sein und bei wachsender
                    Krankheitsbereitschaft
den Distanzierungsprozess einleiten.
Infiziert mit Hoffnung, die auf Veränderung setzt,
meidest Du Praxen, Kliniken, Sanatorien.
Auf dem Weg, der zu Dir führt,
presst es Dich schließlich zum ersten Mal.
(Arzthelferinnen mit Gesundheitsblick, anbetend
Gott, der ihnen im weißen Kittel erscheint,
erfahren es in ihrem Leben ebenso wenig
wie Patienten mit Warte-Seelen in Warte-Sälen –
Menschen mit Krankheitsblick, die sich
in ihre Seele schnäuzen und Gesundbeter anbeten).
Dein Bewusstsein springt wie ein Ball,
als Du in die Wunde der Stadt einziehst.

Großkuckuck

Sich in ein fremdes Nest fallen lassen.
Rücksichtslos seine Ellenbogen gebrauchen.
                    Schnabelhiebe austeilen.
Unbarmherzig verdrängen, hinauswerfen,
was neben einem Anspruch auf Leben erhebt.
Sich so lange durchfüttern lassen
von instinktgebundenen Pflegeeltern,
bis man gesellschaftsfähig, sprich:
sozial verkommen genug ist,
um als ausgewachsener,
kindermordender Großkuckuck,
gemeinsam mit anderen kindermordenden
                    Großkuckucken
in größerem Rahmen zu schmarotzen.

Aufenthalt

Unplanmäßiger Aufenthalt im Labyrinth
                  des Ohres:
Hätte niemals erwartet,
gerade hier zu finden, wonach ich
in den Ländern zwischen Rippe und Pore
(und selbst im gelobten Land)
vergeblich gesucht.
Bereits zum Bleiben entschlossen,
um zu genießen, was ich hier gewann,
regt sie sich wieder unter dem Zelt
              meiner Haut…

Meine Wohnung

Meine Wohnung hat keine Fenster, keine Türen.
Hier befiehlt niemand: Es werde Licht.
Hier läuft der gute Glaube,
der offene Türen erwartet,
gegen das Jochbein der Wände.

Eine Schnecke reiten:
die Schnecke Zeit.
Sich einen eigenen Gott schnitzen,
einen Gott, der nicht richtet,
wenn er sich aufrichtet. Sich schließlich
glücklich schätzen, eine Wohnung zu besitzen
ohne Fenster, ohne Türen.

Meine Wohnung hat keine Fenster,
keine Türen…

In seiner Haut

In seiner Haut wie in einem Ledersack stecken.
Sich gründlich satt haben. Sich nicht mehr
ausstehen können. Sich für den letzten Dreck,
für Abschaum halten. Sich selbst erniedrigen,
demütigen (im Faulwasser der Selbstverachtung
baden)
und in Hohngelächter ausbrechen
vor so viel an eigener Nichtswürdigkeit,
                                    Erbärmlichkeit.

Spiegel, Wahrheitsfanatiker
auf den Rücken werfen.
Nicht Selbsterkenntnis anstreben,
sondern die eigene Aufwertung betreiben.
Sich für unvergleichlich, die anderen
für nichtswürdig halten (die Schwingen
der Selbstüberhebung anlegen)
und sich berauschen an dem Wein
übersteigerter Eigenliebe.

Sich suchen…

Menschensohn

Harte Münder brechen auf wie späte Knospen.
Beginnen zu blühen in Herbstgesichtern.
Die Menschen am Ufer, die Zeugen wurden
des unerhörten Geschehens,
können einfach nicht mehr schweigen.
Sie versichern sich gegenseitig
ihrer Zurechnungsfähigkeit
und lärmen mit Worten.
Noch hindert sie ihre Furcht daran,
sich dem Meer zu nähern
und das Wasser zu prüfen.

Brücken, Provisorien aus Menschenhand,
schwanken beunruhigt hin und her,
befürchten, überflüssig zu werden.
Bewies Christus Menschensohn nicht,
dass Wasser Balken hat für alle,
die glauben?

Rose I

Es nicht verstehen,
dass die Hand blutet,
die ihren Leib umschloss.
Es nicht verstehen und die Hüfte
der Rose zerbrechen. (ich liebte Dich
im Geschirr der Drohnen)
Lüsterne Nonnen
verraten Intimes
aus dem Ei
der Kiefer.

Rose II

Es nicht verstehen, dass die Hand des Verstandes
nicht der Rose Hüfte (das Un-Begreifliche)
zu umspannen vermag und wieder einmal
ausgesetzt sein dem Terror seiner Gedanken,
Vorstellungen, Empfindungen.
Sich heftig zurücksehnen
ins Geschirr der Drohnen,
in die Fruchtblase, in der man Gott vermutet,
in den Kehricht, aus dem man kam.

Unbeweglich im Ei der Kiefer verharren.
Diesen Rückzug auf sich selbst nicht mehr
als nur vorläufig betrachten. Sich abfinden,
schließlich anfreunden mit dem Beruf
des Verwalters seines inneren Chaos.

Freiwild

Ein Wunder? Beinahe ein Wunder? Man hat mich
(bis jetzt jedenfalls noch nicht) durchschaut.
Ohwiegut. Gottseidank. Gelobt sei.
Man stellt mir nicht nach, lässt mich unbehelligt.
Ohwiegut. Gottseidank. Gelobt sei. Eine mögliche,
auf mich angesetzte Treibjagd mit wilder Hatz,
Blattschuss und weidmännischer Zerlegung
meiner zum Freiwild erklärten Person
findet jedenfalls jetzt noch nicht statt.
Ohwiegut. Gottseidank. Gelobt sei.
Ein Wunder? Kein Wunder. Habe mir den Mantel
angepassten Verhaltens übergeworfen,
äußere, gebärde mich in der Öffentlichkeit
wie Biedermann. Bin nicht zu unterscheiden
von Biedermann. Werde von Normalotto,
werde von Biedermann, für ihresgleichen gehalten.

Niemand vermutet in mir den Mann
mit den Streichhölzern. Den Mann,
der Normalotto, der Biedermann
das Haus über dem Kopf anzündet,
Schlaf- und Heimstatt raubt.
Ohwiegut, dass niemand weiß…

Göttlich

Göttlich bin ich in meinen Jeans.
Spaziere mit meinem Gesicht
wie mit einem Reklameschild
durch die Straßen.
Erwecke Sympathie und mehr.
Göttlich bin ich
in meinen Jeans.
Führe an kurzer Leine
einen ungebärdigen Rüden,
das Chaos, aus. (bist Du es wieder,
der dort auf dem Pflaster – für wen?
Für uns etwa?) verblutet?
Kannst es einfach nicht lassen,
Christus, Menschensohn)

Göttlich bin ich in meinen Jeans.
Kein Hoffnungs-Philosoph.
Kein jenseits-Spezialist.
Eher eine Waffe des Zweifels,
gezeugt aus Zorn (sah in den Teich
Menschheit. Sah Menschenstrom.
Sah Todesstrom) Ich wehre dem Rüden nicht,
der heftig an der Leine zerrt, und überlasse ihm

die Führung, mich göttlich fühlend
in meinen Jeans.

Wut

Wiederholt ermahnt von Freunden, Bekannten,
die im Gegensatz zu mir ihre Gefühle
angebunden haben und ihnen
nur selten Auslauf verschaffen,
meine häufig explosionsartig wachsende Wut
zu zügeln, mir eine Wutbremse zuzulegen,
meiner Wut einen Schneider,
einen Wutschneider zu suchen,
damit er auf das angebliche Übermaß
meiner Wut die bissigste seiner Scheren ansetze,
wegen meines wuchernden Wutgewebes
einen Arzt, einen spezialisierten,
routinierten Wutgewebeentferner
zu konsultieren, auf dass operativ entfernt werde,
was wütend wuchert, über meine von ihnen
unheilig genannte Wut mit einem heiligen Mann,
vielleicht sogar dem Heiland, zu sprechen,
damit er mich durch ein bloßes Wort
oder durch Handauflegen von meiner unheilig
                            genannten Wut heile,
gerate ich in WutWutWut,
will mir meine Wut nicht nehmen lassen,
lasse mir mein Wutrecht nicht bestreiten.

Gefesselt-zornig und berechenbar –
so hättet ihr mich wohl gern, wie?

Endgültig verstummen

Meine Aktionen waren Scherbengerichte.
Meine Worte Stilette, mit denen
ich tötete. Nun bin ich, der ich mich erkannt habe
und tiefste Ekel empfinde vor mir selbst,
zurückgekehrt an den Ausgangsort,
zurückgekehrt, den Torso
meines Selbstwertgefühls
      zu zersprengen,
Silbe um Silbe zu Sand zu zermahlen
und endgültig, endgültig zu verstummen.

Wir liehen uns

Wir liehen uns Deine Hand, Schwielenfächer,
und rückten damit Sachen, deren Heimtücke
wir nicht zum Opfer fallen wollten,
aus unserem Lebensbereich. So, und mit dem Ohr
voll Erde und dem Mund voll Lachen,
überlebten wir Gefährdeten
und konnten Dir am dritten Tag zurückgeben,
was uns Dein Mitleid borgte.

Wir sind in Deiner Schuld und versuchen,
unserer Dankbarkeit Ausdruck zu verleihen,
doch Du entziehst Dich uns, wissend,
dass Dein Bild in uns schon bald
vom Erfahrungsschutt der Stunden
                    begraben sein wird.
Wie enttäuscht wärst Du wohl,
wenn Du wüsstest, dass sich
unser Leichtsinn bereits wieder
in der Nähe gefährlicher Objekte herumtreibt.

Glaubt wieder

Geschniegeltes Kinderlachen
rutscht das Treppengeländer
                    hinunter,
wiederholt unermüdlich,
trotz beschwerlichem Treppauf,
die sausende Fahrt abwärts
                    abwärts.
Die Stille empfindet es
wie tausend Nadelstiche.
Im Ohr der Wand
rieselt Putz.

Wer schaut zu? Die Eltern schauen zu:
Glucksen und Kichern vertrieben
ihren Unmut. Der Vater verwandelt
abgegriffene Karten in torkelnde Falter.
Das Kind glaubt wieder an einen Sommer.

Trotz Beatles

Kann es mir nicht erklären, dass trotz Beatles
und Benny Goodman, trotz Rolling Stones,
die Mauern der Städte J und B
nicht umstürzten. Habe, wie für so vieles andere,
keine Erklärung dafür.

(Zeitgeist-Rose verströmt Leichengeruch.
Wir halten den Atem an und unterdrücken
die Verwünschungen, die wir in den Raum
der Mitternacht senden möchten)

Wir fragen uns: Wie kam es,
dass wir in diesem Spiel
die Fäden verwirrten?
Und wundern uns
über die vielen Fädenentwirrer,
Götter aus der Spielzeugkiste,
Spiel-Götter, die niemand rief,
und die sich um eine Schere streiten.

Wir werden kaum unseren Aufprall hören,
wenn wir auf den Brettern aufschlagen,
die uns einst die Welt bedeuteten.

Stirn

Stirn. Stirn des Maulwurfs unter Tage.
Untertagestirn des Maulwurfs.
Kohlenstaubstirn. Stirn, die Unmut verrät.
Unmutsstirn. Mund, voll des Staubs
und des Unmuts. Mund aus Staub und Unmut.
Unmutsstaubmund des Kumpels unter Tage,
schwarzen Speichel und bittere Worte auswerfend.
Bald bricht auf wie eine schachttiefe Wunde
Deine Stirn, Besinnungskumpel,
auf der Kanzel der Halde.

Pogrom

Werde mich nicht an dem wieder einmal
stattfindenden Distel-Pogrom beteiligen.
Werde im Gegenteil verfolgten Disteln
Zuflucht gewähren in meinem Garten
und sie schützen vor den Nachstellungen
ihrer Feinde. Was wissen schon
schwachköpfige Distelhasser
von der Lauterkeit, Reinheit,
von der leicht verletzten Sensibilität
des grimmig-bewährten Krauts?

Ich weiß nicht, wie es noch enden soll.
Es ist faszinierend,
aber zugleich auch beängstigend,
wie immer mehr Distel-Asylanten
meinen Garten bevölkern, in den ich,
aus Sorge, etwas zu zertreten,
kaum noch meinen Fuß setze.
Man muss nicht Prophet sein,
um eine Krise, verursacht durch Raummangel,
Mangel an Sonnenlicht und Nährstoffen,
vorauszusehen. Was ist zu tun? Mein Blick
schweift

über die Nachbargärten, in denen sich
eitle Kulturpflanzen sonnen…

Erkenntnis

Über dem bärtigen Acker ertönen (meine Hoffnung
zerplatzt wie ein Ballon) erneut Salven
aus Vogelkehlen. Jetzt heißt es wieder:
auf der Hut sein, sich, wenn nötig,
tief in die Erdpore eingraben
und im Übrigen auf Gott,
das Chaos oder das Nichts vertrauen.

Allmählich reift in mir die Erkenntnis,
dass ich meine Deckung wohl niemals mehr
werde verlassen können...